ISBN 978-3-663-12620-1 ISBN 978-3-663-13376-6 (eBook)
DOI 10.1007/978-3-663-13376-6

Gesetz über die Deutsche Bundesbank

Vom 26. Juli 1957 (Bundesgesetzbl. I S. 745)

mit Änderungen durch

a) Gesetz zur Einführung von Bundesrecht im Saarland vom 30. Juni 1959 (BGBl. I S. 313)

b) Gesetz über Kreditermächtigungen aus Anlaß der Erhöhung der Beteiligungen der Bundesrepublik Deutschland an dem Internationalen Währungsfonds und an der Internationalen Bank für Wiederaufbau und Entwicklung vom 13. August 1959 (BGBl. II S. 930)

c) Gesetz über eine Kreditermächtigung aus Anlaß der Erhöhung des Beitrages der Bundesrepublik Deutschland an den Europäischen Fonds vom 3. Juni 1961 (BGBl. II S. 565)

d) Gesetz über das Kreditwesen vom 10. Juli 1961 (BGBl. I S. 881)

e) Drittes Gesetz zur Änderung des Gesetzes zur Regelung der Rechtsverhältnisse der unter Artikel 131 des Grundgesetzes fallenden Personen vom 21. August 1961 (BGBl. I S. 1557)

f) Drittes Gesetz zur Änderung beamtenrechtlicher und besoldungsrechtlicher Vorschriften vom 31. August 1965 (BGBl. I S. 1007)

g) Viertes Gesetz zur Regelung der Rechtsverhältnisse der unter Artikel 131 des Grundgesetzes fallenden Personen vom 9. September 1965 (BGBl. I S. 1203)

h) Zweites Gesetz über Kreditermächtigungen aus Anlaß der Erhöhung der Beteiligungen der Bundesrepublik Deutschland an dem Internationalen Währungsfonds und an der Internationalen Bank für Wiederaufbau und Entwicklung vom 12. Mai 1966 (BGBl. II S. 245)

i) Gesetz zur Förderung der Stabilität und des Wachstums der Wirtschaft vom 8. Juni 1967 (BGBl. I S. 581)

j) Gesetz zur Änderung des Gesetzes über die Deutsche Bundesbank vom 23. November 1967 (BGBl. I S. 1157)

k) Einführungsgesetz zum Gesetz über Ordnungswidrigkeiten vom 24. Mai 1968 (BGBl. I S. 503)

l) Erstes Gesetz zur Reform des Strafrechts vom 25. Juni 1969 (BGBl. I S. 645)

m) Gesetz zur Änderung des Gesetzes über die Deutsche Bundesbank vom 22. Juli 1968 (BGBl. I S. 877)

n) Gesetz zur Änderung des Gesetzes über den Beitritt der Bundesrepublik Deutschland zu den Abkommen über den Internationalen Währungsfonds und über die Internationale Bank für Wiederaufbau und Entwicklung vom 28. Juli 1952 und des Gesetzes über das Europäische Währungsabkommen vom 26. März 1959 vom 17. Dezember 1970 (BGBl. II S. 1325)

INHALTSÜBERSICHT

Dritter Abschnitt

Bundesregierung und Bundesbank

Vierter Abschnitt

Währungspolitische Befugnisse

Fünfter Abschnitt

Geschäftskreis

Sechster Abschnitt

Jahresabschluß, Gewinnverteilung und Ausweis

Siebenter Abschnitt

Allgemeine Bestimmungen

Achter Abschnitt

Strafbestimmungen und Vorschriften über das Anhalten von Falschgeld

Neunter Abschnitt

Übergangs- und Schlußbestimmungen

Erster Abschnitt

Errichtung, Rechtsform und Aufgabe

§ 1 Errichtung der Deutschen Bundesbank.

Die Landeszentralbanken und die Berliner Zentralbank werden mit der Bank deutscher Länder verschmolzen. Die Bank deutscher Länder wird Deutsche Bundesbank.

§ 2 Rechsform, Grundkapital und Sitz.

Die Deutsche Bundesbank ist eine bundesunmittelbare juristische Person des öffentlichen Rechts. Ihr Grundkapital im Betrage von zweihundertneunzig Millionen Deutsche Mark steht dem Bund zu. Die Bank hat ihren Sitz am Sitz der Bundesregierung; solange dieser sich nicht in Berlin befindet, ist Sitz der Bank Frankfurt am Main.

§ 3 Aufgabe.

Die Deutsche Bundesbank regelt mit Hilfe der währungspolitischen Befugnisse, die ihr nach diesem Gesetz zustehen, den Geldumlauf und die Kreditversorgung der Wirtschaft mit dem Ziel, die Währung zu sichern, und sorgt für die bankmäßige Abwicklung des Zahlungsverkehrs im Inland und mit dem Ausland.

§ 4 Beteiligungen.

Die Deutsche Bundesbank ist berechtigt, sich an der Bank für internationalen Zahlungsausgleich und mit Zustimmung der Bundesregierung an anderen Einrichtungen zu beteiligen, die einer übernationalen Währungspolitik oder dem internationalen Zahlungs- und Kreditverkehr dienen oder sonst geeignet sind, die Erfüllung ihrer Aufgabe zu fördern.

Zweiter Abschnitt

Organisation

§ 5 Organe.

Organe der Deutschen Bundesbank sind der Zentralbankrat (§ 6), das Direktorium (§ 7) und die Vorstände der Landeszentralbanken (§ 8).

§ 6 Zentralbankrat.

(1) Der Zentralbankrat bestimmt die Währungs- und Kreditpolitik der Bank. Er stellt allgemeine Richtlinien für die Geschäftsführung und Verwaltung auf und grenzt die Zuständigkeit des Direktoriums sowie der Vorstände der Landeszentralbanken im Rahmen der Bestimmungen dieses Gesetzes ab. Er kann auch im Einzelfall dem Direktorium und den Vorständen der Landeszentralbanken Weisungen erteilen.

(2) Der Zentralbankrat besteht aus dem Präsidenten und dem Vizepräsidenten der Deutschen Bundesbank, den weiteren Mitgliedern des Direktoriums und den Präsidenten der Landeszentralbanken.

(3) Der Zentralbankrat berät unter dem Vorsitz des Präsidenten oder des Vizepräsidenten der Deutschen Bundesbank. Er faßt seine Beschlüsse mit einfacher Mehrheit der abgegebenen Stimmen. Im übrigen regelt die Satzung die Voraussetzungen für die Beschlußfassung. Die Satzung kann vorsehen, daß die Mitlgieder des Zentralbankrats bei nachhaltiger Verhinderung vertreten werden.

§ 7 Direktorium.

(1) Das Direktorium ist für die Durchführung der Beschlüsse des Zentralbankrats verantwortlich. Es leitet und verwaltet die Bank, soweit nicht die Vorstände der Landeszentralbanken zuständig sind. Dem Direktorium sind insbesondere vorbehalten

1. Geschäfte mit dem Bund und seinen Sondervermögen,
2. Geschäfte mit Kreditinstituten, die zentrale Aufgaben im gesamten Bundesgebiet haben,
3. Devisengeschäfte und Geschäfte im Verkehr mit dem Ausland,
4. Geschäfte am offenen Markt.

(2) Das Direktorium besteht aus dem Präsidenten und dem Vizepräsidenten der Deutschen Bundesbank sowie bis zu acht weiteren Mitgliedern. Die Mitglieder des Direktoriums müssen besondere fachliche Eignung besitzen.

(3) Der Präsident und der Vizepräsident sowie die weiteren Mitglieder des Direktoriums werden vom Bundespräsidenten auf Vorschlag der Bundesregierung bestellt. Die Bundesregierung hat bei ihren Vorschlägen den Zentralbankrat anzuhören. Die Mitglieder werden für acht Jahre, ausnahmsweise auch für kürzere Zeit, mindestens jedoch für zwei Jahre bestellt. Bestellung und Ausscheiden sind im Bundesanzeiger zu veröffentlichen.

(4) Die Mitglieder des Direktoriums stehen in einem öffentlich-rechtlichen Amtsverhältnis. Ihre Rechtsverhältnisse gegenüber der Bank, insbesondere die Gehälter, Ruhegehälter und Hinterbliebenenbezüge, werden durch Verträge mit dem Zentralbankrat geregelt. Die Verträge bedürfen der Zustimmung der Bundesregierung.

(5) Das Direktorium berät unter dem Vorsitz des Präsidenten oder des Vizepräsidenten der Deutschen Bundesbank. Es faßt seine Beschlüsse mit einfacher Mehrheit der abgegebenen Stimmen. Bei Stimmengleichheit gibt die Stimme des Vorsitzenden den Ausschlag. Im übrigen regelt die Satzung die Voraussetzungen für die Beschlußfassung. Die Satzung kann vorsehen, daß bestimmte Beschlüsse der Einstimmigkeit oder einer anderen Stimmenmehrheit bedürfen.

§ 8 Landeszentralbanken.

(1) Die Deutsche Bundesbank unterhält in jedem Lande eine Hauptverwaltung. Die Hauptverwaltungen tragen die Bezeichnung Landeszentralbank in Baden-Württemberg, in Bayern, in Berlin, in Bremen, in der Freien und Hansestadt Hamburg, in Hessen, in Niedersachsen, in Nordrhein-Westfalen, in Rheinland-Pfalz, im Saarland, in Schleswig-Holstein.

(2) Der Vorstand einer Landeszentralbank führt die in den Bereich seiner Hauptverwaltung fallenden Geschäfte und Verwaltungsangelegenheiten durch. Den Landeszentralbanken sind insbesondere vorbehalten

1. Geschäfte mit dem Land sowie mit öffentlichen Verwaltungen im Land.
2. Geschäfte mit Kreditinstituten ihres Bereichs, soweit sie nicht nach § 7 Abs. 1 Nr. 2 dem Direktorium vorbehalten sind.

(3) Der Vorstand der Landeszentralbank besteht aus dem Präsidenten und dem Vizepräsidenten. Die Satzung kann die Bestellung von einem oder zwei weiteren Vorstandsmitgliedern zulassen oder Bestimmungen über die Beschlußfassung der Vorstände treffen. Die Vorstandsmitglieder müssen besondere fachliche Eignung besitzen.

(4) Die Präsidenten der Landeszentralbanken werden vom Bundespräsidenten auf Vorschlag des Bundesrates bestellt. Der Bundesrat macht seine Vorschläge auf Grund eines Vorschlags der nach Landesrecht zuständigen Stelle und nach Anhörung des Zentralbankrats. Die Vizepräsidenten und die weiteren Vorstandsmitglieder werden auf Vorschlag des Zentralbankrats vom Präsidenten der Deutschen Bundesbank bestellt. Die Vorstandsmitglieder werden für acht Jahre, ausnahmsweise auch für kürzere Zeit, mindestens jedoch für zwei Jahre bestellt. Bestellung und Ausscheiden sind im Bundesanzeiger zu veröffentlichen.

(5) Die Mitglieder des Vorstandes stehen in einem öffentlich-rechtlichen Amtsverhältnis. Ihre Rechtsverhältnisse gegenüber der Bank, insbesondere die Gehälter, Ruhegehälter und Hinterbliebenenbezüge, werden durch Verträge mit dem Zentralbankrat geregelt. Die Verträge bedürfen der Zustimmung der Bundesregierung.

§ 9 Beiräte bei den Landeszentralbanken.

(1) Bei jeder Landeszentralbank besteht ein Beirat, der mit dem Präsidenten der Landeszentralbank über Fragen der Währungs- und Kreditpolitik und mit dem Vorstand der Landeszentralbank über die Durchführung der ihm in seinem Bereich obliegenden Aufgaben berät.

(2) Der Beirat besteht aus höchstens zehn Mitgliedern, die besondere Kenntnisse auf dem Gebiet des Kreditwesens haben sollen. Höchstens die Hälfte der Mitglieder soll aus den verschiedenen Zweigen des Kreditgewerbes, die übrigen Mitglieder sollen aus der gewerblichen Wirtschaft, dem Handel, der Landwirtschaft sowie der Arbeiter- und Angestelltenschaft ausgewählt werden.

(3) Die Mitglieder des Beirats werden auf Vorschlag der zuständigen Landesregierung und nach Anhörung des Vorstandes der Landeszentralbank durch den Präsidenten der Deutschen Bundesbank auf die Dauer von drei Jahren berufen.

(4) Den Vorsitz im Beirat führt der Landeszentralbankpräsident oder sein Stellvertreter. Den zuständigen Landesministern ist Gelegenheit gegeben, an den Sitzungen des Beirats teilzunehmen. Sie können die Einberufung des Beirats verlangen. Im übrigen wird das Verfahren des Beirats durch die Satzung geregelt.

§ 10 Zweiganstalten.

Die Deutsche Bundesbank darf Zweiganstalten (Hauptstellen und Zweigstellen) unterhalten. Die Hauptstellen werden von zwei Direktoren geleitet, die der zuständigen Landeszentralbank unterstehen. Die Zweigstellen werden von einem Direktor geleitet, der der übergeordneten Hauptstelle untersteht.

§ 11 Vertretung.

(1) Die Deutsche Bundesbank wird gerichtlich und außergerichtlich durch das Direktorium, im Bereich einer Landeszentralbank auch durch deren Vorstand und im Bereich einer Hauptstelle auch durch deren Direktoren vertreten. § 31 Abs. 2 und § 41 Abs. 4 bleiben unberührt.

(2) Willenserklärungen sind für die Deutsche Bundesbank verbindlich, wenn sie von zwei Mitlgiedern des Direktoriums oder des Vorstandes einer Landeszentralbank oder von zwei Direktoren einer Hauptstelle abgegeben werden. Sie können auch von bevollmächtigten Vertretern abgegeben werden, die das Direktorium oder im Bereich einer Landeszentralbank deren Vorstand bestimmt. Zur Rechtswirksamkeit einer der Bank gegenüber abzugebenden Willenserklärung genügt die Erklärung gegenüber einem Vertretungsberechtigten.

(3) Die Vertretungsbefugnis kann durch die Bescheinigung eines Urkundsbeamten der Deutschen Bundesbank nachgewiesen werden.

(4) Klagen gegen die Deutsche Bundesbank, die auf den Geschäftsbetrieb einer Landeszentralbank oder einer Hauptstelle Bezug haben, können auch bei dem Gericht des Sitzes der Landeszentralbank oder der Hauptstelle erhoben werden.

Dritter Abschnitt

Bundesregierung und Bundesbank

§ 12 Verhältnis der Bank zur Bundesregierung.

Die Deutsche Bundesbank ist verpflichtet, unter Wahrung ihrer Aufgabe die allgemeine Wirtschaftspolitik der Bundesregierung zu unterstützen. Sie ist bei der Ausübung der Befugnisse, die ihr nach diesem Gesetz zustehen, von Weisungen der Bundesregierung unabhängig.

§ 13 Zusammenarbeit.

(1) Die Deutsche Bundesbank hat die Bundesregierung in Angelegenheiten von wesentlicher währungspolitischer Bedeutung zu beraten und ihr auf Verlangen Auskunft zu geben.

(2) Die Mitglieder der Bundesregierung haben das Recht, an den Beratungen des Zentralbankrats teilzunehmen. Sie haben kein Stimmrecht, können aber Anträge stellen. Auf ihr Verlangen ist die Beschlußfassung bis zu zwei Wochen auszusetzen.

(3) Die Bundesregierung soll den Präsidenten der Deutschen Bundesbank zu ihren Beratungen über Angelegenheiten von währungspolitischer Bedeutung zuziehen.

Vierter Abschnitt

Währungspolitische Befugnisse

§ 14 Notenausgabe.

(1) Die Deutsche Bundesbank hat das ausschließliche Recht, Banknoten im Geltungsbereich dieses Gesetzes auszugeben. Ihre Noten lauten auf Deutsche Mark. Sie sind das einzige unbeschränkte gesetzliche Zahlungsmittel. Noten, die auf kleinere Beträge als zehn Deutsche Mark lauten, dürfen nur im Einvernehmen mit der Bundesregierung ausgegeben werden. Die Deutsche Bundesbank hat die Stückelung und die Unterscheidungsmerkmale der von ihr ausgegebenen Noten öffentlich bekanntzumachen.

(2) Die Deutsche Bundesbank kann Noten zur Einziehung aufrufen. Aufgerufene Noten werden nach Ablauf der beim Aufruf bestimmten Umtauschfrist ungültig.

(3) Die Deutsche Bundesbank ist nicht verpflichtet, für vernichtete, verlorene, falsche, verfälschte oder ungültig gewordene Noten Ersatz zu leisten. Sie hat für beschädigte Noten Ersatz zu leisten, wenn der Inhaber entweder Teile einer Note vorlegt, die insgesamt größer sind als die Hälfte der Note, oder den Nachweis führt, daß der Rest der Note, von der er nur die Hälfte oder einen geringeren Teil vorlegt, vernichtet ist.

§ 15 Diskont-, Kredit- und Offenmarkt-Politik.

Zur Beeinflussung des Geldumlaufs und der Kreditgewährung setzt die Deutsche Bundesbank die für ihre Geschäfte jeweils anzuwendenden Zins- und Diskontsätze fest und bestimmt die Grundsätze für ihr Kredit- und Offenmarktgeschäft.

§ 16 Mindestreserve-Politik.

(1) Zur Beeinflussung des Geldumlaufs und der Kreditgewährung kann die Deutsche Bundesbank verlangen, daß die Kreditinstitute in Höhe eines Vom-Hundert-Satzes ihrer Verbindlichkeiten aus Sichteinlagen, befristeten Einlagen und Spareinlagen sowie aus aufgenommenen kurz- und mittelfristigen Geldern mit Ausnahme der Verbindlichkeiten gegenüber anderen mindestreservepflichtigen Kreditinstituten Guthaben auf Girokonto bei ihr unterhalten (Mindestreserve).
Die Bank darf den Vom-Hundert-Satz für Sichtverbindlichkeiten nicht über dreißig, für befristete Verbindlichkeiten nicht über zwanzig und für Spareinlagen nicht über zehn festsetzen; für Verbindlichkeiten gegenüber Gebietsfremden (§ 4 Abs. 1 Nr. 4) des Außenwirtschaftsgesetzes) darf sie jedoch den Vom-Hundert-Satz bis zu hundert festsetzen. Innerhalb dieser Grenzen kann sie die Vom-Hundert-Sätze nach allgemeinen Gesichtspunkten, insbesondere für einzelne Gruppen von Instituten, verschieden bemessen sowie bestimmte Verbindlichkeiten bei der Berechnung ausnehmen.
Als eine Verbindlichkeit aus Sichteinlagen im Sinne des Satzes 1 gilt bei einem Kreditinstitut im Sinne des § 53 des Gesetzes über das Kreditwesen auch ein passiver Verrechnungssaldo.

(2) Das monatliche Durchschnittsguthaben eines Kreditinstituts bei der Deutschen Bundesbank (Ist-Reserve) muß mindestens die nach Absatz 1 festgesetzten Vom-Hundert-Sätze des Monatsdurchschnitts seiner reservepflichtigen Verbindlichkeiten (Reserve-Soll) erreichen. Die Bank erläßt nähere Bestimmungen über die Berechnung und Feststellung der Ist-Reserve und des Reserve-Solls.

(3) Die Deutsche Bundesbank kann für den Betrag, um den die Ist-Reserve das Reserve-Soll unterschreitet, einen Sonderzins bis zu drei vom Hundert über dem jeweiligen Lombardsatz erheben. Der Sonderzins soll nicht erhoben werden, wenn die Unterschreitung aus nicht vorhersehbaren Gründen unvermeidlich war oder das Kreditinstitut in Abwicklung getreten ist. Die Deutsche Bundesbank hat eine erhebliche oder wiederholte Unterschreitung der Bankaufsichtsbehörde mitzuteilen.

(4) Ländliche Kreditgenossenschaften, die einer Zentralkasse angeschlossen sind und kein Girokonto bei der Deutschen Bundesbank unterhalten, können die Mindestreserven bei ihrer Zentralkasse unterhalten; die Zentralkasse hat gleich hohe Guthaben bei der Deutschen Bundesbank zu unterhalten.

(5) Die nach diesem Gesetz zu unterhaltenden Mindestreserven sind auf die nach anderen Gesetzen zu unterhaltenden Liquiditätsreserven anzurechnen.

§ 17 Einlagen-Politik.

Der Bund, das Sondervermögen Ausgleichsfonds, das ERP-Sondervermögen und die Länder haben ihre flüssigen Mittel, auch soweit Kassenmittel nach dem Haushaltsplan zweckgebunden sind, bei der Deutschen Bundesbank auf Girokonto einzulegen. Eine anderweitige Einlegung oder Anlage bedarf der Zustimmung der Bundesbank; dabei hat die Deutsche Bundesbank das Interesse der Länder an der Erhaltung ihrer Staats- und Landesbanken zu berücksichtigen.

§ 18 Statistische Erhebungen.

Die Deutsche Bundesbank ist berechtigt, zur Erfüllung ihrer Aufgabe Statistiken auf dem Gebiet des Bank- und Geldwesens bei allen Kreditinstituten anzuordnen und durchzuführen. §§ 7, 10 und 12 Abs. 1 des Gesetzes über die Statistik für Bundeszwecke sind entsprechend anzuwenden. Die Deutsche Bundesbank kann die Ergebnisse der Statistiken für allgemeine Zwecke veröffentlichen. Die Veröffentlichungen dürfen keine Einzelangaben enthalten. Den nach § 13 Abs. 1 Auskunftsberechtigten dürfen Einzelangaben nur mitgeteilt werden, wenn und soweit es in der Anordnung über die Statistik vorgesehen ist.

Fünfter Abschnitt

Geschäftskreis

§ 19 Geschäfte mit Kreditinstituten.

(1) Die Deutsche Bundesbank darf mit Kreditinstituten im Geltungsbereich dieses Gesetzes folgende Geschäfte betreiben:

1. Wechsel und Schecks kaufen und verkaufen, aus denen drei als zahlungsfähig bekannte Verpflichtete haften; von dem Erfordernis der dritten Unterschrift kann abgesehen werden, wenn die Sicherheit des Wechsels oder Schecks in anderer Weise gewährleistet ist; die Wechsel müssen innerhalb von drei Monaten, vom Tage des Ankaufs an gerechnet, fällig sein; sie sollen gute Handelswechsel sein;

2. Schatzwechsel kaufen und verkaufen, die von dem Bund, einem der in § 20 Abs. 1 Nr. 1 bezeichneten Sondervermögen des Bundes oder einem Land ausgestellt und innerhalb von drei Monaten, vom Tage des Ankaufs an gerechnet, fällig sind;

3. verzinsliche Darlehen gegen Pfänder (Lombardkredite) auf längstens drei Monate gewähren, und zwar gegen

a) Wechsel, die den Erfordernissen der Nummer 1 entsprechen, zu höchstens neun Zehntel ihres Nennbetrages,

b) Schatzwechsel, die den Erfordernissen der Nummer 2 entsprechen, zu höchstens neun Zehntel ihres Nennbetrages,

c) unverzinsliche Schatzanweisungen, die, vom Tage der Beleihungen an gerechnet, innerhalb eines Jahres fällig sind, zu höchstens drei Viertel ihres Nennbetrages,

d) festverzinsliche Schuldverschreibungen und Schuldbuchforderungen, deren Aussteller oder Schuldner der Bund, ein Sondervermögen des Bundes oder ein Land ist, höchstens drei Viertel ihres Kurswertes,

e) andere von der Bank bestimmte festverzinsliche Schuldverschreibungen und Schuldbuchforderungen zu höchstens drei Viertel ihres Kurswertes,

f) im Schuldbuch eingetragene Ausgleichsforderungen nach § 1 des Gesetzes über die Tilgung von Ausgleichsforderungen zu höchstens drei Viertel ihres Nennbetrages.

Besteht für die unter Buchstaben d und e genannten Werte kein Börsenkurs, so setzt die Bank den einer Beleihung zugrunde zu legenden Wert nach der Verwertungsmöglichkeit fest. Kommt der Schuldner eines Lombardkredits in Verzug, so ist die Bank berechtigt, das Pfand durch einen ihrer Beamten oder durch einen zu Versteigerungen befugten Beamten zu versteigern oder, wenn der verpfändete Gegenstand einen Börsen- oder Marktpreis hat, durch einen dieser Beamten oder einen Handelsmakler zum laufenden Preis zu verkaufen und sich aus dem Erlös für Kosten, Zinsen und Kapital bezahlt zu machen; dieses Recht behält die Bank auch gegenüber anderen Gläubigern und gegenüber der Konkursmasse des Schuldners;

4. unverzinsliche Giroeinlagen annehmen;

5. Wertgegenstände, insbesondere Wertpapiere, in Verwahrung und Verwaltung nehmen; die Ausübung des Stimmrechts aus den von ihr verwahrten oder verwalteten Wertpapieren ist der Bank untersagt;

6. Schecks, Wechsel, Anweisungen, Wertpapiere und Zinsscheine zum Einzug übernehmen und nach Deckung Zahlung leisten, soweit nicht die Bank für die Gutschrift des Gegenwertes für Schecks und Anweisungen etwas anderes bestimmt;

7. andere bankmäßige Auftragsgeschäfte nach Deckung ausführen;

8. auf ausländische Währung lautende Zahlungsmittel einschließlich Wechsel und Schecks, Forderungen und Wertpapiere sowie Gold, Silber und Platin kaufen und verkaufen;

9. alle Bankgeschäfte im Verkehr mit dem Ausland vornehmen.

(2) Bei den in Absatz 1 Nr. 1 bis 3 bezeichneten Geschäften sind die Diskont- und Lombardsätze anzuwenden.

§ 20 Geschäfte mit öffentlichen Verwaltungen.

(1) Die Deutsche Bundesbank darf mit öffentlichen Verwaltungen folgende Geschäfte betreiben:

1. dem Bund, den nachstehend aufgeführten Sondervermögen des Bundes sowie den Ländern kurzfristige Kredite in Form von Buch- und Schatzwechselkrediten (Kassenkredite) gewähren. Die Höchstgrenze der Kassenkredite einschließlich der Schatzwechsel, welche die Deutsche Bundesbank für eigene Rechnung gekauft oder deren Ankauf sie zugesagt hat, beträgt bei

a) dem Bund sechs Milliarden Deutsche Mark,

b) der Bundesbahn sechshundert Millionen Deutsche Mark,

c) der Bundespost vierhundert Millionen Deutsche Mark,

d) dem Ausgleichsfonds zweihundert Millionen Deutsche Mark,

e) dem ERP-Sondervermögen fünfzig Millionen Deutsche Mark,

f) den Ländern vierzig Deutsche Mark je Einwohner nach der letzten amtlichen Volkszählung; bei dem Land Berlin und den Freien und Hansestädten Bremen und Hamburg dient als Berechnungsgrundlage ein Betrag von achtzig Deutsche Mark je Einwohner;

2. mit dem Bund, den Sondervermögen des Bundes, den Ländern und anderen öffentlichen Verwaltungen die in § 19 Nr. 4 bis 9 bezeichneten Geschäfte vornehmen; für diese Geschäfte darf die Bank den in Nummer 1 genannten öffentlichen Verwaltungen keine Kosten und Gebühren berechnen.

(2) Die in Absatz 1 Nr. 1 genannten öffentlichen Verwaltungen sollen Anleihen, Schatzanweisungen und Schatzwechsel in erster Linie durch die Deutsche Bundesbank begeben; andernfalls hat die Begebung im Benehmen mit der Deutschen Bundesbank zu erfolgen.

§ 21 Geschäfte am offenen Markt.

Die Deutsche Bundesbank darf zur Regelung des Geldmarktes am offenen Markt zu Marktsätzen kaufen und verkaufen:

1. Wechsel, die den Erfordernissen des § 19 Nr. 1 entsprechen;

2. Schatzwechsel und Schatzanweisungen, deren Aussteller der Bund, eines der in § 20 Abs. 1 Nr. 1 genannten Sondervermögen des Bundes oder ein Land ist;

3. Schuldverschreibungen und Schuldbuchforderungen, deren Schuldner die in Nummer 2 genannten Stellen sind;

4. andere zum amtlichen Börsenhandel zugelassene Schuldverschreibungen.

§ 22 Geschäfte mit jedermann.

Die Deutsche Bundesbank darf mit natürlichen und juristischen Personen im In- und Ausland die in § 19 Nr. 4 bis 9 bezeichneten Geschäfte betreiben.

§ 23 Bestätigung von Schecks.

(1) Die Deutsche Bundesbank darf Schecks, die auf sie gezogen sind, nur nach Deckung bestätigen. Aus dem Bestätigungsvermerk wird sie dem Inhaber zur Einlösung verpflichtet; für die Einlösung haftet sie auch dem Aussteller und den Indossanten.

(2) Die Einlösung des bestätigten Schecks darf auch dann nicht verweigert werden, wenn inzwischen über das Vermögen des Ausstellers der Konkurs eröffnet worden ist.

(3) Die Verpflichtung aus der Bestätigung erlischt, wenn der Scheck nicht binnen acht Tagen nach der Ausstellung zur Zahlung vorgelegt wird. Für den Nachweis der Vorlegung gilt Artikel 40 des Scheckgesetzes.

(4) Der Anspruch aus der Bestätigung verjährt in zwei Jahren vom Ablauf der Vorlegungsfrist an.

(5) Auf die gerichtliche Geltendmachung von Ansprüchen auf Grund der Bestätigung sind die für Wechselsachen geltenden Zuständigkeits- und Verfahrensvorschriften entsprechend anzuwenden.

§ 24 Beleihung und Ankauf von Ausgleichsforderungen.

(1) Die Deutsche Bundesbank darf ungeachtet der Beschränkungen des § 19 Nr. 3 Kreditinstituten, Versicherungsunternehmen und Bausparkassen Darlehen gegen Verpfändung von Ausgleichsforderungen im Sinne von § 1 des Gesetzes über die Tilgung von Ausgleichsforderungen gewähren, soweit und solange es zur Aufrechterhaltung der Zahlungsbereitschaft des Verpfänders erforderlich ist.

(2) Die Deutsche Bundesbank darf Ausgleichsforderungen der in Absatz 1 bezeichneten Art unter den Voraussetzungen des § 9 Abs. 1 des Gesetzes über die Tilgung von Ausgleichsforderungen ankaufen, soweit und solange die Mittel des Ankaufsfonds hierfür nicht ausreichen.

§ 25 Andere Geschäfte.

Die Deutsche Bundesbank soll andere als die in den §§ 19 bis 24 zugelassenen Geschäfte nur zur Durchführung und Abwicklung zugelassener Geschäfte oder für den eigenen Betrieb oder für ihre Betriebsangehörigen vornehmen.

Sechster Abschnitt

Jahresabschluß, Gewinnverteilung und Ausweis

§ 26 Jahresabschluß.

(1) Das Geschäftsjahr der Deutschen Bundesbank ist das Kalenderjahr.

(2) Das Rechnungswesen der Deutschen Bundesbank hat den Grundsätzen ordnungsmäßiger Buchführung zu entsprechen. Für die Wertansätze in der Jahresbilanz gelten die Vorschriften des Aktiengesetzes sinngemäß.

(3) Das Direktorium hat sobald wie möglich den Jahresabschluß aufzustellen. Der Abschluß ist durch einen oder mehrere vom Zentralbankrat im Einvernehmen mit dem Bundesrechnungshof bestellte Wirtschaftsprüfer zu prüfen. Der Zentralbankrat stellt den Jahresabschluß fest, der alsdann vom Direktorium zu veröffentlichen ist.

(4) Der Prüfungsbericht des Wirtschaftsprüfers dient dem Bundesrechnungshof als Grundlage für die von ihm durchzuführende Prüfung. Der Prüfungsbericht des Wirtschaftsprüfers sowie die dazu getroffenen Feststellungen des Bundesrechnungshofes sind dem Bundesminister für Wirtschaft und dem Bundesminister der Finanzen mitzuteilen.

§ 27 Gewinnverteilung.

Der Reingewinn ist in nachstehender Reihenfolge zu verwenden:

1. zwanzig vom Hundert des Gewinns, jedoch mindestens zwanzig Millionen Deutsche Mark, sind einer gesetzlichen Rücklage solange zuzuführen, bis diese fünf vom Hundert des Notenumlaufs erreicht hat; die gesetzliche Rücklage darf nur zum Ausgleich von Wertminderungen und zur Deckung anderer Verluste verwendet werden; ihrer Verwendung steht nicht entgegen, daß noch andere Rücklagen hierfür vorhanden sind;

2. bis zu zehn vom Hundert des danach verbleibenden Teils des Reingewinns dürfen zur Bildung sonstiger Rücklagen verwendet werden; diese Rücklagen dürfen insgesamt den Betrag des Grundkapitals nicht übersteigen;

3. vierzig Millionen Deutsche Mark, vom Geschäftsjahr 1980 an dreißig Millionen Deutsche Mark, sind dem nach dem Gesetz über die Tilgung von Ausgleichsforderungen gebildeten Fonds zum Ankauf von Ausgleichsforderungen bis zu seiner Auflösung zuzuführen;

4. der Restbetrag ist an den Bund abzuführen.

§ 28 Ausweis.

Die Deutsche Bundesbank veröffentlicht jeweils nach dem Stand vom 7., 15., 23. und Letzten jeden Monats einen Ausweis, der folgende Angaben enthalten muß:

I. Aktiva

Gold
Guthaben bei ausländischen Banken und Geldmarktanlagen im Ausland
Sorten, Auslandswechsel und -schecks
Inlandswechsel
Lombardforderungen
Kassenkredite an
a) den Bund und die Sondervermögen des Bundes
b) die Länder
Schatzwechsel und unverzinsliche Schatzanweisungen
a) des Bundes und der Sondervermögen des Bundes
b) der Länder
Wertpapiere, Scheidemünzen
Postscheckguthaben, Ausgleichsforderungen
Sonstige Aktiva

II. Passiva
Banknotenumlauf
Einlagen von
1. Kreditinstituten
2. öffentlichen Einlegern
   a) Bund und Sondervermögen des Bundes
   b) Ländern
   c) anderen öffentlichen Einlegern
3. anderen inländischen Einlegern
4. ausländischen Einlegern
Verbindlichkeiten aus dem Auslandsgeschäft
Rückstellungen, Grundkapital, Rücklagen
Sonstige Passiva

Siebenter Abschnitt

Allgemeine Bestimmungen

§ 29 Sonderstellung der Deutschen Bundesbank.

(1) Der Zentralbankrat und das Direktorium der Deutschen Bundesbank haben die Stellung von obersten Bundesbehörden. Die Landeszentralbanken und Hauptstellen haben die Stellung von Bundesbehörden.

(2) Die Deutsche Bundesbank und ihre Bediensteten genießen die Vergünstigungen, die in Bau-, Wohnungs- und Mietangelegenheiten für den Bund und seine Bediensteten gelten.

(3) Die Vorschriften des Handelsgesetzbuches über die Eintragungen in das Handelsregister sowie die Vorschriften über die Zugehörigkeit zu den Industrie- und Handelskammern sind auf die Deutsche Bundesbank nicht anzuwenden.

§ 30 Urkundsbeamte.

Der Präsident der Deutschen Bundesbank kann für die Zwecke des § 11 Abs. 3 Urkundsbeamte bestellen. Sie müssen die Befähigung zum Richteramt besitzen.

§ 31 Rechtsverhältnisse der Beamten, Angestellten und Arbeiter der Deutschen Bundesbank.

(1) Die Deutsche Bundesbank beschäftigt Beamte, Angestellte und Arbeiter.

(2) Der Präsident der Deutschen Bundesbank ernennt die Beamten der Bank, und zwar die Beamten des höheren Dienstes auf Vorschlag des Zentralbankrats. Er kann diese Befugnis hinsichtlich der Beamten des gehobenen, mittleren und einfachen Dienstes auf die Präsidenten der Landeszentralbanken übertragen. Der Präsident der Deutschen Bundesbank ist oberste Dienstbehörde und vertritt insoweit die Bank gerichtlich und außergerichtlich. Er verhängt die Disziplinarstrafen, soweit hierfür nicht die Disziplinargerichte zuständig sind, und ist Einleitungsbehörde im förmlichen Disziplinarverfahren (§ 29 der Bundesdisziplinarordnung).

(3) Die Beamten der Deutschen Bundesbank sind mittelbare Bundesbeamte. Soweit nicht in diesem Gesetz etwas anderes bestimmt ist, sind die für Bundesbeamte allgemein geltenden Vorschriften anzuwenden. An die Stelle des Inkrafttretens des Bundesbeamtengesetzes tritt das Inkrafttreten dieses Gesetzes.

(4) Der Zentralbankrat kann die Rechtsverhältnisse der Beamten und Angestellten der Deutschen Bundesbank mit Zustimmung der Bundesregierung in einem Personalstatut regeln, soweit die Bedürfnisse eines geordneten und leistungsfähigen Bankbetriebes es erfordern. In dem Personalstatut kann nur bestimmt werden,

1. daß für die Beamten der Bank von folgenden Vorschriften des Bundesbeamtenrechts abgewichen wird:

a) von § 21 Satz 2, § 24 Satz 3, § 26 Abs. 1, § 30 Abs. 2, § 66 Abs. 1 Nr. 2 und 5 und § 116 Abs. 1 Nr. 3 des Bundesbeamtengesetzes;

b) von § 15 des Besoldungsgesetzes vom 16. Dezember 1927 (Reichsgesetzbl. I S. 349) in der geltenden Bundesfassung, soweit eine widerrufliche, nicht ruhegehaltsfähige Bankzulage bis zur Höhe von dreißig vom Hundert des Grundgehalts, eine Entschädigung für Aufwendungen aus dienstlichen Gründen und eine Zuwendung für besondere Leistungen gewährt werden;

c) von den Vorschriften über die Gewährung von Unterhaltszuschüssen für Beamte im Vorbereitungsdienst;

2. daß die Beamten und Angestellten der Bank verpflichtet sind, der Bank eine gewerbliche oder berufliche Tätigkeit ihres Ehegatten anzuzeigen;

3. daß die Angestellten der Bank

a) zur Ausübung einer der in § 66 Abs. 1 Nr. 2 und 5 des Bundesbeamtengesetzes bezeichneten Nebentätigkeiten der vorherigen Genehmigung ebenso wie die Beamten der Bank bedürfen,

b) die in Nummer 1 Buchstabe b bezeichneten Bezüge erhalten.

(5) Die in Absatz 4 Nr. 1 Buchstabe b bezeichneten Zuwendungen für besondere Leistungen und Entschädigungen für Aufwendungen aus dienstlichen Gründen dürfen insgesamt ein Zwanzigstel der Ausgaben für die Besoldung und Vergütung der Beamten und Angestellten der Deutschen Bundesbank nicht übersteigen.

(6) Der Zentralbankrat erläßt mit Zustimmung der Bundesregierung die Vorschriften über die Vorbildung und die Laufbahnen der Beamten der Deutschen Bundesbank. Er kann dabei von den Vorschriften des Bundesbeamtenrechts über die Dauer des Vorbereitungsdienstes und der Probezeit sowie über die Dauer der Bewährungszeit für Beförderung im gehobenen Dienst und für die Zulassung zum Aufstieg in den höheren Dienst abweichen.

§ 32 Schweigepflicht.

Sämtliche Personen im Dienste der Deutschen Bundesbank haben über die Angelegenheiten und Einrichtungen der Bank sowie über die von ihr geschlossenen Geschäfte Schweigen zu bewahren. Sie dürfen über die ihnen hierüber bei ihrer Tätigkeit bekanntgewordenen Tatsachen auch nach ihrem Ausscheiden aus dem Dienste der Bank ohne Genehmigung weder vor Gericht noch außergerichtlich aussagen oder Erklärungen abgeben. Die Genehmigung wird, soweit es sich um das Interesse der Bank handelt, den Mitgliedern des Zentralbankrats von diesem, anderen Bediensteten der Bank von dem Präsidenten erteilt; sie darf für eine gerichtliche Vernehmung nur versagt werden, wenn es das Wohl des Bundes oder die Interessen der Allgemeinheit erfordern.

§ 33 Veröffentlichungen.

Die Deutsche Bundesbank hat ihre für die Öffentlichkeit bestimmten Bekanntmachungen, insbesondere den Aufruf von Noten, die Festsetzung von Zins-, Diskont- und Mindestreservesätzen sowie die Anordnung von Statistiken im Bundesanzeiger zu veröffentlichen.

§ 34 Satzung.

Die Satzung der Deutschen Bundesbank wird vom Zentralbankrat beschlossen. Sie bedarf der Zustimmung der Bundesregierung und ist im Bundesanzeiger zu veröffentlichen. Das gilt auch für Satzungsänderungen.

Achter Abschnitt

Strafbestimmungen und Vorschriften über das Anhalten von Falschgeld

§ 35 Unbefugte Ausgabe und Verwendung von Geldzeichen.

(1) Mit Gefängnis und mit Geldstrafe in unbeschränkter Höhe oder mit einer dieser Strafen wird bestraft,

1. wer unbefugt Geldzeichen (Marken, Münzen, Scheine oder andere Urkunden, die geeignet sind, im Zahlungsverkehr an Stelle der gesetzlich zugelassenen Münzen oder Banknoten verwendet zu werden) oder unverzinsliche Inhaberschuldverschreibungen ausgibt, auch wenn ihre Wertbezeichnung nicht auf Deutsche Mark lautet;

2. wer unbefugt ausgegebene Gegenstände der in Nummer 1 genannten Art zu Zahlungen verwendet.

(2) Der Versuch ist strafbar.

(3) Wird die in Absatz 1 Nr. 2 bezeichnete Tat fahrlässig begangen, so ist auf Geldstrafe zu erkennen.

§ 36 Anhalten von Falschgeld sowie unbefugt ausgegebenen Geldzeichen und Schuldverschreibungen.

(1) Die Deutsche Bundesbank und alle Kreditinstitute haben nachgemachte oder verfälschte Banknoten oder Münzen (Falschgeld), als Falschgeld verdächtige Banknoten und Münzen sowie unbefugt ausgegebene Gegenstände der in § 35 genannten Art anzuhalten. Dem Betroffenen ist eine Empfangsbescheinigung zu erteilen.

(2) Falschgeld und Gegenstände der in § 35 genannten Art sind mit einem Bericht der Polizei zu übersenden. Kreditinstitute haben der Deutschen Bundesbank hiervon Mitteilung zu machen.

(3) Als Falschgeld verdächtige Banknoten und Münzen sind der Deutschen Bundesbank zur Prüfung vorzulegen. Stellt diese die Unechtheit der Banknoten oder Münzen fest, so übersendet sie das Falschgeld mit einem Gutachten der Polizei und benachrichtigt das anhaltende Kreditinstitut.

§ 37 Einziehung.

(1) Unbefugt ausgegebene Gegenstände der in § 35 genannten Art können eingezogen werden.

(2) Nach Absatz 1 eingezogene Gegenstände sowie nach § 152 des Strafgesetzbuches eingezogenes Falschgeld sind von der Deutschen Bundesbank aufzubewahren. Sie können, wenn der Täter ermittelt worden ist, nach Ablauf von zehn Jahren und, wenn der Täter nicht ermittelt worden ist, nach Ablauf von zwanzig Jahren nach Rechtskraft des die Einziehung aussprechenden Urteils vernichtet werden.

Neunter Abschnitt

Übergangs- und Schlußbestimmungen

§ 38 Umgestaltung des Zentralbanksystems.

(1) Das Vermögen der Landeszentralbanken und der Berliner Zentralbank einschließlich der Schulden geht mit dem Inkrafttreten dieses

Gesetzes als Ganzes auf die Bank deutscher Länder über. Für die Berichtigung des Grundbuchs wird keine Gebühr erhoben. Die Landeszentralbanken und die Berliner Zentralbank erlöschen ohne Abwicklung.

(2) Mit Wirkung vom 1. Januar 1957 gehen die Verpflichtungen der Länder aus Ausgleichsforderungen, die den Landeszentralbanken nach den Vorschriften über die Neuordnung des Geldwesens zustehen, auf den Bund über und erlischt die Verpflichtung des Landes Berlin aus den dem Bund nach § 23 Abs. 2 Satz 2 des Ersten Gesetzes zur Überleitung von Lasten und Deckungsmitteln auf den Bund in der Fassung vom 21. August 1951 (Bundesgesetzbl. I S. 779) zustehenden Schuldverschreibungen; wird die Umstellungsrechnung einer Landeszentralbank nach dem Inkrafttreten dieses Gesetzes berichtigt, so übernimmt der Bund alle sich daraus ergebenden Verpflichtungen und Rechte. Die Bank zahlt dem Lande Nordrhein-Westfalen fünfzehn Millionen Deutsche Mark und dem Land Berlin fünf Millionen Deutsche Mark, jeweils nebst sechs vom Hundert Zinsen seit 1. Januar 1957 aus dem dem Bund nach § 27 Nr. 4 zustehenden Restgewinn. Damit gelten auch alle Ansprüche der Länder wegen des Erlöschens ihrer Anteile an den Landeszentralbanken und der Berliner Zentralbank als abgegolten.

(3) Die Bank erstattet den Ländern die von ihnen auf Ausgleichsforderungen der Landeszentralbanken für die Zeit nach dem 1. Januar 1957 gezahlten Zinsen aus dem dem Bund nach § 27 Nr. 4 zustehenden Restgewinn, der nach Leistung der in Absatz 2 vorgesehenen Zahlungen verbleibt.

(4) Die sich aus § 2 Satz 2 in Verbindung mit § 27 ergebenden Folgen treten mit Wirkung vom 1. Januar 1957 ein. Auf diesen Tag ist unter entsprechender Anwendung der Vorschriften des § 26 die Eröffnungsbilanz der Deutschen Bundesbank festzustellen.

(5) Die bei Inkrafttreten dieses Gesetzes gültigen Noten der Bank deutscher Länder bleiben als Noten der Deutschen Bundesbank bis zum Aufruf durch das Direktorium gültig. Die Bestände noch nicht ausgegebener Noten können weiterhin ausgegeben werden.

§ 39 Übergangsvorschrift für die Organe der Bundesbank.

(1) Bis zur Bestellung des ersten Präsidenten der Deutschen Bundesbank werden seine Aufgaben, soweit sie in den §§ 6, 8, 9

und 13 geregelt sind, durch den Präsidenten des bisherigen Zentralbankrats der Bank deutscher Länder, im übrigen durch den Präsidenten des bisherigen Direktoriums der Bank deutscher Länder wahrgenommen. Der Präsident des Zentralbankrats der Bank deutscher Länder und der Präsident des Direktoriums der Bank deutscher Länder scheiden mit der Bestellung des Präsidenten der Deutschen Bundesbank unbeschadet ihrer vertraglichen Ansprüche aus ihren Ämtern.

(2) Bis zur Bestellung des ersten Vizepräsidenten der Deutschen Bundesbank werden seine Aufgaben durch den Vizepräsidenten des Direktoriums der Bank deutscher Länder wahrgenommen. Der Vizepräsident des Direktoriums der Bank deutscher Länder scheidet mit der Bestellung des Vizepräsidenten der Deutschen Bundesbank unbeschadet seiner vertraglichen Ansprüche aus seinem Amt.

(3) Die weiteren Mitglieder des bisherigen Direktoriums der Bank deutscher Länder bleiben als Mitglieder des Direktoriums der Deutschen Bundesbank bis zum Ablauf ihrer Anstellungsverträge in ihren Ämtern.

(4) Die Vorstände der bisherigen Landeszentralbanken bleiben als Vorstände der Hauptverwaltungen der Deutschen Bundesbank bis zum Ablauf ihrer Anstellungsverträge in ihren Ämtern.

§ 40 Änderung der Dienstverhältnisse.

(1) Mit dem Inkrafttreten dieses Gesetzes werden die Beamten, Angestellten und Arbeiter der Bank deutscher Länder, der bisherigen Landeszentralbanken und der Berliner Zentralbank Beamte, Angestellte und Arbeiter der Deutschen Bundesbank. Beamte auf Lebenszeit oder auf Probe erhalten die Rechtsstellung eines Beamten auf Lebenszeit oder auf Probe nach dem Bundesbeamtengesetz; Beamte auf Widerruf erhalten die Rechtsstellung eines Beamten auf Widerruf nach dem Bundesbeamtengesetz, soweit sie nicht bei Vorliegen der Voraussetzung des § 5 Abs. 1 Nr. 2 des Bundesbeamtengesetzes zu Beamten auf Probe ernannt werden; in Höhe der Unterschiedsbeträge zwischen bisherigen höheren Bezügen und den nach Inkrafttreten dieses Gesetzes zustehenden Bezügen wird eine nicht ruhegehaltsfähige Ausgleichszulage so lange gewährt, bis sie durch Erhöhung der Bezüge ausgeglichen wird; Erhöhungen infolge einer Änderung des Familienstandes oder eines Wechsels der Ortsklasse

sowie allgemeine Erhöhungen der Besoldungen infolge einer Änderung der wirtschaftlichen Verhältnisse bleiben außer Betracht.

(2) Im übrigen sind die Vorschriften des Kapitels II Abschnitt III des Beamtenrechtsrahmengesetzes anzuwenden. Dabei darf bei einem in den einstweiligen Ruhestand versetzten Beamten der Deutschen Bundesbank das Ruhegehalt für die Dauer von fünf Jahren nicht hinter fünfzig vom Hundert der ruhegehaltsfähigen Dienstbezüge, berechnet aus der Endstufe seiner Besoldungsgruppe, zurückbleiben. Dies gilt nicht für die Berechnung der Hinterbliebenenbezüge.

(3) Mit dem Inkrafttreten dieses Gesetzes werden die Ruhestandsbeamten, Witwen, Waisen und sonstigen Versorgungsempfänger der Bank deutscher Länder, der bisherigen Landeszentralbanken und der Berliner Zentralbank Versorgungsempfänger der Deutschen Bundesbank. § 180 des Bundesbeamtengesetzes ist entsprechend anzuwenden; dabei tritt an die Stelle des Inkrafttretens des Bundesbeamtengesetzes das Inkrafttreten dieses Gesetzes. Für frühere Beamte der Bank deutscher Länder, der bisherigen Landeszentralbanken und der Berliner Zentralbank und ihre Hinterbliebenen gilt § 180 Abs. 4 des Bundesbeamtengesetzes.

(4) Absatz 3 ist auf die Beamten der Deutschen Reichsbank, die nach dem 8. Mai 1945 bei einer Dienststelle der Deutschen Reichsbank im Bundesgebiet entsprechend ihrer früheren Rechtsstellung wiederverwendet und in den Ruhestand getreten sind, ohne vorher in den Dienst der Bank deutscher Länder, einer bisherigen Landeszentralbank oder der Berliner Zentralbank übernommen worden zu sein, sowie auf ihre Hinterbliebenen sinngemäß anzuwenden.

(5) Die nach den Bundesgesetzen zur Regelung der Wiedergutmachung nationalsozialistischen Unrechts für Angehörige des öffentlichen Dienstes und zur Regelung der Wiedergutmachung nationalsozialistischen Unrechts für die im Ausland lebenden Angehörigen des öffentlichen Dienstes bestehenden Ansprüche von Personen,

1. die im Bereich der Deutschen Reichsbank geschädigt worden sind oder

2. bei denen als Angehörigen oder ehemaligen Angehörigen der Bank deutscher Länder, der bisherigen Landeszentralbanken oder der Berliner Zentralbank die Voraussetzungen des § 22 Abs. 3 des Gesetzes zur Regelung der Wiedergut-

machung nationalsozialistischen Unrechts für Angehörige des öffentlichen Dienstes gegeben sind,

richten sich gegen die Deutsche Bundesbank. Dies gilt in den Fällen der Nummer 1 nicht, wenn ein anderer Dienstherr nach § 22 Abs. 3 des vorgenannten Gesetzes zur Wiedergutmachung verpflichtet ist.

(6) Für Personen, die Versorgungsbezüge nach dem Gesetz zur Regelung der Rechtsverhältnisse der unter Artikel 131 des Grundgesetzes fallenden Personen erhielten oder hätten erhalten können, gilt § 41 dieses Gesetzes.

(7) Bis zum Inkrafttreten der Vorschriften nach § 31 Abs. 4 und 6, längstens jedoch bis zum Ablauf von drei Jahren nach Inkrafttreten des Gesetzes, gelten die vom Zentralbankrat der Bank deutscher Länder erlassenen Vorschriften über die Vorbildung und die Laufbahnen der Beamten einschließlich der Prüfungsordnungen sowie § 1 Abs. 3 Satz 1, §§ 3, 4, 5, 8, 9 und 10 Abs. 2 des Personalstatuts der Bank deutscher Länder vom 19. November 1954 (Bundesanzeiger Nr. 231 vom 1. Dezember 1954), § 1 Abs. 3 Satz 1 jedoch mit der Maßgabe, daß der Präsident der Deutschen Bundesbank nur in den Fällen des § 21 Satz 2 und § 24 Satz 3 des Bundesbeamtengesetzes entscheidet.

§ 41 Rechtsverhältnisse der unter Artikel 131 des Grundgesetzes fallenden Personen.

(1) Die Deutsche Bundesbank ist entsprechende Einrichtung im Sinne des § 61 des Gesetzes zur Regelung der Rechtsverhältnisse der unter Artikel 131 des Grundgesetzes fallenden Personen gegenüber der Deutschen Reichsbank, der Nationalbank für Böhmen und Mähren und ausländischen Notenbanken (Nr. 19 der Anlage A zu § 2 Abs. 1 des Gesetzes).

(2) Auf Beamte, Angestellte und Arbeiter der Deutschen Reichsbank, die am 8. Mai 1945 bei Dienststellen der Deutschen Reichsbank im Bundesgebiet und im Lande Berlin im Dienst standen und

1. ihr Amt oder ihren Arbeitsplatz aus anderen als beamten- oder tarifrechtlichen Gründen verloren haben und noch nicht entsprechend ihrer früheren Rechtsstellung wiederverwendet worden sind oder

2. vor Inkrafttreten des in Absatz 1 bezeichneten Gesetzes das fünfundsechzigste Lebensjahr vollendet haben oder dienstunfähig geworden sind und aus anderen als beamten- oder tarifrechtlichen Gründen keine oder keine entsprechende Versorgung erhalten,

ist § 62 des in Absatz 1 bezeichneten Gesetzes entsprechend anzuwenden.

(3) Bei Ruhestandsbeamten der Deutschen Reichsbank, die vor dem 1. September 1953 in den Ruhestand getreten sind (§ 5 Abs. 1 Nr. 1, § 6 Abs. 2, § 35 Abs. 1, § 48 des in Absatz 1 bezeichneten Gesetzes), bleibt es vorbehaltlich der Abweichungen, die sich aus §§ 7, 8, 29 Abs. 2 und 3 sowie §§ 30, 31 und 35 Abs. 3 des in Absatz 1 bezeichneten Gesetzes und § 108 Abs. 2, §§ 112, 156 Abs. 1, §§ 181a und 181b des Bundesbeamtengesetzes ergeben, bei der bisherigen Bemessungsgrundlage nach dem Deutschen Beamtengesetz in der Bundesfassung (ruhegehaltsfähige Dienstbezüge, Ruhegehaltssätze). Das Ruhegehalt darf fünfundsiebzig vom Hundert der ruhegehaltsfähigen Dienstbezüge nicht übersteigen. Entsprechendes gilt für die Hinterbliebenen. § 64 Abs. 1 Satz 5 Halbsatz 2 des in Absatz 1 bezeichneten Gesetzes ist anzuwenden.

(4) Der Präsident der Deutschen Bundesbank ist oberste Dienstbehörde für die Personen, auf die die Vorschriften der Absätze 1 und 2 anzuwenden sind. Er vertritt insoweit die Bank gerichtlich und außergerichtlich. In den Fällen des Absatzes 1 tritt er, soweit in dem dort bezeichneten Gesetz und den danach anzuwendenden beamtenrechtlichen Vorschriften die Mitwirkung des Bundesministers der Finanzen vorgesehen ist, an dessen Stelle.

§ 42 Mobilisierung der Ausgleichsforderung für Geschäfte am offenen Markt.

(1) Der Bund als Schuldner der der Deutschen Bundesbank nach den Vorschriften zur Neuordnung des Geldwesens zustehenden Ausgleichsforderung hat der Bank auf Verlangen Schatzwechsel oder unverzinsliche Schatzanweisungen in einer Stückelung und Ausstattung nach deren Wahl (Mobilierungspapiere) bis zum Nennbetrag der Ausgleichsforderung auszuhändigen.

(2) Die Mobilisierungspapiere sind bei der Deutschen Bundesbank zahlbar. Die Bank ist gegenüber dem Bund verpflichtet, alle Verbindlichkeiten aus den Mobilisierungspapieren zu erfüllen. Der Bund zahlt weiterhin die Zinsen auf die ganze Ausgleichsforderung.

(3) Der Bundesminister der Finanzen wird ermächtigt, Mobilisierungspapiere bis zu dem nach Absatz 1 zulässigen Höchstbetrag zu begeben. Mobilisierungspapiere werden auf die Kredithöchstgrenze nach § 20 Abs. 1 Nr. 1 Buchstabe a nicht angerechnet.

§ 42a Ausgabe von Liquiditätspapieren.

(1) Sind die Mobilisierungspapiere durch die Deutsche Bundesbank bis zum Nennbetrag der Ausgleichsforderung in Umlauf gebracht worden, so hat der Bund der Bank auf Verlangen Schatzwechsel oder unverzinsliche Schatzanweisungen in einer Stückelung und Ausstattung nach deren Wahl (Liquiditätspapiere) bis zum Höchstbetrag von acht Milliarden Deutsche Mark auszuhändigen.

(2) Der Nennbetrag der begebenen Liquiditätspapiere ist von der Deutschen Bundesbank auf einem besonderen Konto zu verbuchen. Der Betrag auf dem Sonderkonto darf nur zur Einlösung fälliger oder von der Bundesbank vor Verfall zurückgekaufter Liquiditätspapiere verwendet werden.

(3) § 42 Abs. 2 Sätze 1 und 2 sowie Abs. 3 gelten sinngemäß.

§ 43 Aufhebung und Änderung von Rechtsvorschriften.

(1) Folgende Vorschriften werden aufgehoben:

1. das Gesetz über die Errichtung der Bank deutscher Länder mit Ausnahme seiner Ziffer 15c,

2. das Gesetz über die Landeszentralbanken,

3. das Emissionsgesetz,

4. § 11 Abs. 3 und § 24 Abs. 4 des Umstellungsgesetzes.

(2) Folgende Vorschriften werden geändert:

1. § 11 Abs. 3 der Zweiten Durchführungsverordnung zum Umstellungsgesetz und § 11 Abs. 4 der Dreiundzwanzigsten Durchführungsverordnung zum Umstellungsgesetz erhalten die Fassung:

"Die Veräußerung einer Ausgleichsforderung vor ihrer Eintragung im Schuldbuch ist unzulässig."

2. § 3 Abs. 4 der Dreiunddreißigsten Durchführungsverordnung zum Umstellungsgesetz erhält die Fassung:

"(4) Auf die Ausgleichsforderungen sind § 11 Abs. 4 des Umstellungsgesetzes und § 11 der Zweiten Durchführungsverordnung zum Umstellungsgesetz entsprechend anzuwenden; Geldinstitute, Versicherungsunternehmen und Bausparkassen dürfen die Ausgleichsforderungen unter den gleichen Voraussetzungen ankaufen oder beleihen.".

3. § 35 Abs. 3 des Umstellungsergänzungsgesetzes vom 21. September 1953 (Bundesgesetzbl. I S. 1439) erhält die Fassung:

"(3) Auf die Ausgleichsforderungen sind § 11 Abs. 4 des Umstellungsgesetzes und § 11 Abs. 3 der Zweiten Durchführungsverordnung zum Umstellungsgesetz anzuwenden."

4. In § 7 Abs. 1 Nr. 5 des Gesetzes über die Kreditanstalt für Wiederaufbau in der Fassung vom 22. Januar 1952 (Bundesgesetzbl. I S. 65) treten an die Stelle der Worte "vom Zentralbankrat der Bank deutscher Länder" die Worte "von der Bundesregierung".

§ 44 Auflösung.

Die Deutsche Bundesbank kann nur durch Gesetz aufgelöst werden. Das Auflösungsgesetz bestimmt über die Verwendung des Vermögens.

§ 45 Berlin-Klausel.

Dieses Gesetz gilt nach Maßgabe des § 13 Abs. 1 des Dritten Überleitungsgesetzes vom 4. Januar 1952 (Bundesgesetzbl. I S. 1) auch im Land Berlin. Die Deutsche Bundesbank hat bei der Anwendung des Gesetzes die wirtschaftliche Lage Berlins erforderlichenfalls durch Sonderregelungen zu berücksichtigen.

§ 46 Saar-Klausel.

(aufgehoben)

§ 47 Inkrafttreten.

(1) Dieses Gesetz tritt am ersten Tage des auf die Verkündung folgenden Monats in Kraft; § 40 Abs. 5 und § 41 Abs. 1 und 2 treten jedoch mit Wirkung vom 1. April 1951 in Kraft.

(2) Im Land Berlin treten § 41 Abs. 1 und 2 mit Wirkung vom 1. Oktober 1951, §§ 35 und 37 erst am Tage nach der Verkündung des Übernahmegesetzes im Gesetz- und Verordnungsblatt für Berlin in Kraft.

www.ingramcontent.com/pod-product-compliance
Ingram Content Group UK Ltd.
Pitfield, Milton Keynes, MK11 3LW, UK
UKHW020208061026
15588UKWH00016B/956

9783663126201